OÚ

Alessandra García

Título: *OÚ*
Colección Jeito, n.º 1
Primera edición: mayo, 2024

© Alessandra García
© de esta edición: Disbauxa Editorial
© de las ilustraciones: Enrique Domenech
© del texto de contraportada (también en la página 172 de este libro):
Violeta Niebla
Diseñado y maquetado por Disbauxa Editorial

© Las imágenes de cubierta y las del álbum fotográfico que incluye este libro
han sido cedidas por el archivo fotográfico CTI de la Universidad de Málaga

ISBN: 978-84-127077-7-9
Depósito legal: B 9811-2024
IBIC: DD | Thema: DD
182 páginas, 14×18 cm

Somos **Disbauxa Editorial**
Estamos en Barcelona
editorial@disbauxa.es | www.disbauxa.es | @disbauxa.editorial

OÚ OÚ OÚ OÚ OÚ OÚ OÚ OÚ OÚ OÚ OÚ OÚ OÚ OÚ OÚ OÚ OÚ OÚ OÚ OÚ

Prólogo

La bala mierda y má mierda la mano que disparó.

Esto no es un prólogo, es una bala. Esto no es un libro, es un disparo de Alessandra García reclamando justicia poética.

Tienes entre tus manos *Oú*, el artefacto que inaugura la colección de artes escénicas y performativas «Jeito» (del canario, expresa maña, destreza o habilidad para algo). Decimos artefacto porque se compone del *Acontecimiento*, el *Dispositivo* y el *Álbum*. Y, justamente por esta composición, es un libro para leer de muchas maneras, darle vueltas y ponerlo del revés.

En este territorio que habitamos contamos con una larga herencia histórica (que todavía no se acaba) de injusticias violentas con respecto a todas las identidades que podemos ser, tener y desear. Formas de reparación existen infinitas; hay que tener voluntad de hacerlo y justamente esto es lo que tiene la autora: voluntad y deseo de imaginar un Manué que no fue asesinado y que hoy estaría disfrutando de su vida en Málaga.

El *Acontecimiento* nos sitúa en una herida de nuestra historia, seguramente es desconocida para muchas, pero que sigue supurando y no cierra porque no le da la luz.

El *Dispositivo* pone en acción esta herida, porque no hay nada más escénico que una manifestación ni nada más político que esta escena.

Y el *Álbum* pone rostro a miles de caras desconocidas que salieron a las calles a reclamar su esencia, su identidad y su posición en el mundo.

Alessandra domina y juega con el lenguaje de una manera exquisita: con el académico, con el que nos dicen que no es y con el inventado. La ironía, el humor, la dureza y la belleza van siempre juntas en sus textos, como en una orgía pansexual en la que las etiquetas están diluidas y el goce va en cabeza.

Necesitamos más luz para todas las heridas que arrastramos y para que no haya otras nuevas.

En Disbauxa lo estamos intentando.

Las editoras
Barcelona, abril de 2024

A todas las personas que estuvieron aquel
4 de diciembre de 1977
en cualquier parte de Andalucía, Barcelona
y Madrid gritando en las calles por la Autonomía.

No hay vez que no me traslade allí y me revolotee el estómago.

Introducción

Esta historia está basada, mirada, estudiada, investigada, escuchada y jugada en hechos reales.

En 2018, hace cinco años, con el taller de teatro de la Universidad de Málaga (el cual dirijo), les propuse hacer una pieza documental itinerante, con carácter relacional y que el tema nos tocara mucho. Partimos de la absoluta nada. Queríamos hablar del 4 de diciembre de 1977, el día que Andalucía salió a las calles a pedir su estatuto de autonomía. En mayo del año pasado, Disbauxa me propone que publique algo con ellas, les cuento que tengo una obra que hice hace unos años... y me dicen que sí.

Querida persona que te enfrentas a este libro: tienes que saber que, en realidad, se divide en tres partes:

Una es el acontecimiento enfocado a la manifestación que se vivió en Málaga, principalmente.

Otra es un álbum fotos de la manifestación, con comentarios propios.

Y otra es el dispositivo escénico en sí, escrito desde el lugar de la dirección, es decir: a diferencia de otras obras, esta pieza primero se ha representado y luego se ha llevado al papel. Es una obra que se ha construido en la creación escénica, con un trabajo muy colectivo por parte del taller y muy creativo por parte de los intérpretes.

Lo que quiero decir es que es un texto escrito desde las directrices de la persona que quiera llevarlo a cabo escénicamente, no desde la pleitesía para que lo disfrute la lectora. Que no te digo yo que cualquier ser humano que solo quiera leerlo también le coja el punto, como a la cerveza número 19 cuando la pruebas por primera vez.

El texto del dispositivo es muy volátil, fresco, movible, intuitivo y muy abierto a lo nuevo que cada cual quiera aportar, ya que no está terminado. Es el actante el que desde la improvisación le añade texto a la historia.

Mi deseo: poder ir por los institutos, facultades, peñas, cofradías, pueblos, comunidades, equipos de trabajo de grandes empresas haciendo este dispositivo escénico. Pero si yo no pudiera llegar a tal multitud y usté quiere montar todo esto, pues ahí lo tiene.

OÚ:

El acontecimiento

La poética del acontecimiento en bragas de canalé blanca

Me pasa una cosa: tiene tanto poderío, es tan tremendo lo que ocurrió, que no soy capaz de reproducirlo, de poner los pelos de punta, de que se convierta en algo inolvidable. Yo, en verdad, lo que hubiera querido es *estar*. Las pupilas de la gente que estuvo se dilatan cuando habla y sus bocas se humedecen. He visto las pupilas de:

la señora que cogió la bandera cosida a mano de Blas Infante; el que sostuvo el cuerpo de Caparrós en la furgoneta blanca; el hombre del cortijo diciendo «niña, lo más emocionante que yo he vivido en mi vida»; la vicerrectora de Cultura de la Universidad de Málaga que dice que estaba en primero de carrera y que estrenó minifalda; el actor de Hollywood diciéndome que acababa de salir de un ensayo en un teatro perchelero y estaba a metros de lo que ocurrió.

El 4 de diciembre de 1977, Andalucía se puso de acuerdo. Un millón de personitas se levantaron de la cama con una intención común: chillá por sus derechos. Ese día se meneó el café con un cosquilleo en el estómago, con una inquietud preciosa, esperanzadora. Un: «Qué día má bonito, ¿no?».

No se recuerdan las calles tan llenas por una lucha común. Si todes les manifestantes hubieran saltado a la vez, en el norte hubiera levantado el culo de la silla el asturiano ordeñando les vaques; al gallego se le hubiera caído la queimada encima; la catalana se hubiera puesto perdía de pan tumaca; y la navarra se hubiera pinchao montando la gilda.

La cosa es que, picaos en el sentido más bonito de la palabra, lxs andaluces mirábamos parriba y decíamos: «Estokomovasé, aquí se está repartiendo manteca colorá y no vamos ni a olerla». Luego fue café, así lo dijo Manuel Clavero: «Café para todos», *y vámonos a comer que tengo un hambre...* Digo yo que diría eso. Esas reuniones dan mucha hambre, como cuando vas a la playa o al cine.

Totá, que con Francisco muerto, las águilas parecían menos y la premura por vivir estaba encendía de intención. El jaleo por las calles era libre; la juventud parecía más juventud que nunca. El aplomo al caminar. Esa cosa de «a veces pienso que la calle es mía y de nadie más» empezaba a respirarse.

Pienso en los franceses, los británicos, los alemanes mirándonos desde la piscina en Torremolinos, mirando los niños desnudos en las playas; las niñas monísimas y analfabetas; las camareras de piso no viendo un duro de lo que cobraban, solo si les daba permiso el marío, el hermano, el padre, de verlo en su cartilla. Nos miraban y decían: «Animalitos, qué lejos están, con lo bien que iban en derechos y cosas».

Lo de perder derechos es algo doloroso y sentimental. Cuando pierdes algo que te costó mucho conseguir, como una cartera preciosa, un abrigo, unos aparatos dentales. Algo que te hacía tanto bien lo pierdes, te lo roban, desaparece y te quedas sin cartera, sin dientes, sin abrigo. Porque aquello fue:

como cuando abres un paquete de patatas porque tienes mucha hambre como cuando abres la ventanilla del coche para recoger la comida como cuando abres un joyero de alguien y admiras sus joyas como cuando abres la puerta sabiendo que quien hay detrás es la que te gusta como cuando abres el instagram y tienes 15 seguidores más de golpe como cuando abres las notas y tienes una matrícula de honor como cuando abres la boca lo suficiente para que entre la lengua de la persona deseada como cuando abres la cuenta de ING y te han ingresado tres facturas a la vez como cuando abres el baño de una gasolinera: está limpio, huele bien y tiene papel como cuando abres la mano y dentro está la sorpresa como cuando abres los ojos al despertarte y te das cuenta de que, por mucho que desearas la muerte, no ha ocurrido como cuando abres el enlace de la quiniela, de la convocatoria, del premio como cuando abres tu corazón como cuando abres eso que llevaba mucho tiempo sin abrir sin saber tú que existía

no había consciencia de libertad,
de lucha conjunta.

Una boca que baila diciendo autonomía

Nos pienso ahora a todxs en las calles, juntxs, y que el motivo no sea ni el Rocío ni el Cautivo ni las Cruces ni el Betis-Sevilla ni los Carnavales ni las romerías ni las ferias, las ferias, las ferias. Que el motivo sea una lucha social y común y me digo:

«¡¡¡Ay!!! Ojalá hubiera yo estao ese 4 de diciembre chillando»

No hay Cala Mijas Fest, Espárrago Rock, Etnosur, World Dance Costa del Sol que lo supere.

Lo bonito también fue que la provincia y la ciudad estaban unidas, pegaítas. Ese pantone de acentos mezclaos pisando los mismos bordillos. Gritando «ANDALUCÍA POR LA AUTO-NOMÍA» en una escala diversa de vocales abiertas, cerradas, haches intercaladas, eses que son ces, ces que son eses, un baileteo sinfónico que venía a decir lo mismito.

De golpe se tuvo uno que despertar. Los adolescentes sentían que, ese ratito, las calles iban a ser suyas. Para muchos fue su primera manifestación; nacieron en una dictadura y eso de sentir Andalucía como algo por lo que luchar era raro, nuevo y bonito.

Lo tímido es muy
revolucionario.
El amor siempre
empieza por
algo tímido

Se decían muchas cosas al oído. Todavía había un miedo a soltar lo primero. Ese día se escucharon al oído cosas como:

«Menos mal que es domingo, porque si no ¡no viene ni Dios!»

«Me he puesto la falda del uniforme, porque es la más nueva que tengo y es que Salud me ha dicho que, después de esto, nos quedamos por el centro. Félix viene con los amigos, a ver si trae alguno apañao pa Salud, que la pobre está todavía soltera, ¡¡qué lástima!!»

«Tenéis que ver cómo ha quedado la bandera que hemos hecho... ¡¡Sí, sí, las que tenemos la cooperativa del barrio!! Es una cosa... ¡¡¡gigante!!! Nunca había visto una bandera tan grande, va de punta a punta del taller. ¡Preciosa, está preciosa! Y la Juani, que decía que no iba a caber... Si es que... ¡Menos mal que nunca le echo cuenta! ¡¡A Manolo le va a encantar!!»

Esta tierra desde
el principio ya
ha sido pisá

ot ot ot ot ot ot ot ot ot ot ot ot ot ot ot ot ot ot ot ot ot ot

A lo largo de los siglos, las tierras andaluzas las han caminado masas de gente pidiendo lo mismo con otras formas, otras telas, otros pespuntes, otras lenguas.

En el 4000 a. C. ya estaban los andaluces líao convirtiendo las piedras del chorro en unas hachas estupendas. Ahí estábamos, pensando que los que éramos íbamos a quedarnos en esta tierra pá siempre. Y, niña: nada más lejos de la realidad. Pasaron muchos atardeceres y ahí estaban las tartésicas, recogiendo garbanzos con los riñones guarnío, cuando de repente llegaron los íberos ocupando la Andalucía oriental, toda Málaga, Granada, Almería... que evidentemente tenían otros nombres de aquella época. Pues los íberos pedían, caminando por Motril, salir del hambre que tenían. Pedían autogobierno, claro que sí. Cuando los íberos estaban asentadísimos con las cerámicas sacás del torno al sol, monísimas todas con sus dibujitos, se les aparecieron los fenicios. Ufff, que no dejaron secar ni los cuencos. Los fenicios venían a lo mismo, a comer. No se acordaban los íberos de cuando llegaron y estaban los tartesos. Cuatrocientos años los fenicios en su Andalucía. Luego, los cartaginenses, descendientes de los colonos fenicios en el norte de África; aquí ellos fundaron hasta ciudades. Sexi se llamaba una, que es Almuñécar ahora; qué pena, con lo sexi que sonaba Sexi.

Pues estaba un cartaginés sexi en Sexi, liao con el Tratado de Agricultura, cuando llegaron los griegos a arrámplarlo tó. ¡Qué poder de decisión más porrúo tenía ese pueblo! Se les tuvieron que rendir a sus pies también y otra vez una masa de gente grande a luchá por lo suyo. Pero los griegos llegaron, y la verdad es que plantaron el germen de la democracia, los teatros, el concepto de la belleza, la monedita, cosas que los romanos querían poseer y dominar. Pisaron montes andaluces y maromas y en masa, como todas las manifestaciones del 4 juntas, invadieron y dominaron las tierras y le dieron carreteras, puentes, acueductos, ordenación del territorio. La Bética era mucho, un dulce, un poderío en el coño metío con respecto al Imperio Romano de la Península. No se figura usted.

Totá, las romanas de sangre griega, fenicia, íbera, tartesa salieron a las calzadas recién puestas, como quien dice, a ver quién venía ahora a lo lejos, qué salía de los barco, «cuchá ló musulmane, otro que quieren venir pá cá, y por dónde entran, nena, poh por la Bética abierta de pata», y así conquistaron, convirtiéndonos en Al-Andalus, empacando lo que éramos y dándonos una nueva identidad, lengua, costumbres, una idiosincrasia. Casi ocho siglos estuvieron, más de lo que llevamos de conquista cristiana, que fue la última que apareció de mu malas formas. Por lo menos dolió mucho, porque parecía que ya no iba a venir nadie má a preguntar si esta silla está ocupá. Vinieron los cristianos un 2 de enero de 1492 y con ellos la Inquisición, una época maravillosa de expulsión que vivieron los musulmanes y judíos que quedaban en sus tierras y que, o muertos o corriendo, salieron de sus casas.

Entonces, todas estas masas de gentes que se han ido yendo y marchando, yendo y marchando, por primera vez en mucho tiempo pararon para decirse: «Quiero salir del subdesarrollo, de esta pobreza crónica, de este analfabetismo sin sentido, quiero autoser, autocuidarme, automimarme»; palabras muy de instagrammer, pero que ya las pedían las manos agrietás del campo, los universitarios estrenando facultades y los obreros de las fábricas. Tenían tan dentro que estaban enfrentados que, de repente, luchar por lo mismo era algo muy fresco y muy apetecible.

El acto de la bandera fue, en su momento, una película de acción en la que muchas cabezas miraban arriba, como el que ve un salto en unas olimpiadas, el que espera el gol, como algo que no, que es muy difícil de cumplir, pero que te puede pasar.

También me parece poderosa la suma de cuerpos, ¿no? Mi novia dice que las manifestaciones no siente que valgan para mucho. Y, para mí, yo creo que son el acto más sencillo y simple de reivindicar algo; que de repente 300000 personas digan lo mismo. Es que es algo tan sencillo y a la vez tan eficaz. Me gusta esa idea de cuando todos los cuerpos se ponen de acuerdo y gritan a la vez con el cuerpo y la voz al unísono, me parece precioso. Porque es el comienzo de una euforia, por ejemplo: cuando todas las personas deciden ir a un partido, ahora mismo acaban de gritar gol y ese estruendo es el comienzo de la euforia. Siento que el griterío del partido es lo social que no gritamos. Y en Málaga se veía la bandera de la Barriada del Palo, la bandera del PSC, la bandera de Vélez-Málaga. Yo pertenezco a esto, y pertenezco a esto, y pertenezco a esto. Hasta que se crea un núcleo muy pequeño y a la vez muy total, un organismo que son órganos, brazos, piernas, páncreas y epiglotis. Tan importante es saber de dónde es uno. O inventárselo.

¿Qué tendría que ocurrir ahora para que todas las fuerzas políticas hicieran una manifestación pidiendo lo mismo? ¿Cuál sería ese objetivo común?

Mañana voy a un mandao

Vender tu voto, ceder una entrada, utilizar la tarjeta de oro del autobús de tu abuela, meter a alguien más en la habitación, esperar que pase el día y cobrar la paga para decir que ha muerto, prestar tu cuerpo a beneficio de otro... Mi cuerpo en representación de otro cuerpo, no hay gesto más ancestral de honra. Cumplir un mandao por otro.

Se dijo mucho esa noche la frase: «mañana voy a un mandao».

Porque el grado de convencimiento era altísimo, pero también había personas con un conflicto ético y moral muy grande. A mi abuelo lo mataron los rojos y el dictador nos dio un estanco; aun así, quiero luchar por Andalucía, pero ¿cómo lo digo en mi casa? Aunque tenga cuarenta años y sea viuda. Da igüá.

La palabra *mandao* alcanza tal nivel socio-político que nadie puede hacerle frente.

Cuando decimos: «mañana voy a un mandao», ese mandao es flexible y esponjoso, desde algo muy insignificante como comprar dedales y lanas color pastel para el jerselito de Micaela, como testificar en un juicio por una pelea a botellazos o darme los resultados de un cáncer maligno. Todo puede ser un mandao.

Y la inquietud política que tenía la juventud de esa época, compará con la de ahora, LAVIHEN.

Todavía no había arrasado el capitalismo con la cultura. Esa sensación de que se me necesita, de que mi cuerpo y mi voz son necesarias para conseguir un derecho, creo que ahora la infravaloramos y sentimos que no, que no lo vamos a hacer, que no vamos a ser capaces de conseguir nada con nuestro cuerpo y nuestra epiglotis.

¿Cuántô fueron comunistâ y ahora son de Vox? Pregunto.

Y cuando te das cuenta de que algo que se estaba haciendo desde la felicidad, el entusiasmo, la conciliación, el respeto, el saber estar, maemía, se convierte en una cosa injusta, dolorosa, por el abuso de poder individual, te da una sensación de fin de fiesta, de golpe en la mesa, de cortarollo de todas esas cosâ.

La marea de una
voz puede llegar a
balsear kilómetros

«Queh no e normá lo que stah viviendo. Que ya tá bien de hambre. No hay pogreso pá nohotro? O qué?!»

Y entonces esos cuerpos robustos y dorados de sol de campo se plantaron en la capital. Ya no solo se va a calle Larios a comprar zapatos para bodas: se va a levantar la cabeza y gritar

«Andalucía por la autonomía»

«Eso noh tenemo que juntá aunque moleste, illo, aunque no pueda vé ar de ar lao, niña, hay que juntarse pa peleá»

«Ze reparten lo dinero y no vemo ná»

«Yastabien»

Los estudiantes, vivos y despiertos; los institutos, en un alarde de conciencia social.

Yo no lo pensé, yo lo hice, como un regalo, un detalle sin importancia.

el cuerpo que carga
el cuerpo que pesa
el cuerpo que palmea
el cuerpo que levita
el cuerpo que arrastra
el cuerpo que corre
el cuerpo que canta
el cuerpo que grita
el cuerpo que baja
el cuerpo que anda
el cuerpo que habla
el cuerpo que escala
el cuerpo que calla
el cuerpo que toca
el cuerpo que salta
el cuerpo que mira
el cuerpo que levanta
el cuerpo que sana
el cuerpo que berrea
el cuerpo que tropieza
el cuerpo que dispara
el cuerpo que suda
el cuerpo que aprieta
el cuerpo que abraza
el cuerpo que llora

el cuerpo nace
el cuerpo yace
el cuerpo de cristo
el cuerpo de policía
el cuerpo de cristo
el cuerpo de policía
policía cristo

cuerpo, el cuerpo

el cuerpo de cristo
el cuerpo de policía
la policía es el cuerpo de cristo
el cuerpo omnipotente
el cuerpo que todo lo puede
el cuerpo de policía
armó un cristo la policía
la policía es cristo
y es un cuerpo un misterio
la sábana santa y el que disparó
la trilogía
aquí nadie sabe
el arma está descatalogada
M.J.R es cristo es el cuerpo
de policía es el cuerpo que dice
que no dice que no dice que no dice

el cuerpo que destinan
el cuerpo que se salva
el cuerpo que calla
punto en boca
las mata callando
chitón
callaíta táh má guapa
fue sin querer
no le vamos a destrozar la vida
tá tó hablao
había mucho lío
el Cabeza tiene la culpa
el cuerpo de cristo
el cuerpo de policía
el cuerpo se calla se calla se calla
se cae
se atraviesa
se deja de nombrar
el cuerpo ha sufrido un accidente de tráfico
el cuerpo que nadie escucha
el cuerpo que se encubre
el cuerpo se encubre
el cuerpo de cristo

ʊ̃ ʊ̃

el cuerpo no sabe
el cuerpo derecho pide un YASTÁ
el cuerpo derecho pide a los otros cuerpos derechos un

YASTÁ
YASTÁ
YASTÁ
YASTÁ

el cuerpo que yace no nace
el cuerpo de policía en verano tomándose un helado
con su nieta
el cuerpo de policía se fue de rositas
el cuerpo se salió con la suya
el cuerpo de cristo
el cuerpo
hermanas pidiendo
el cuerpo
porque cristo ná más que hubo uno
y la policía por mucho que quiera
no es diô

Pienso en la frase que salía de esas bocas, bocas mellás, universitarias, analfabetas, bocas de 75 años y bocas de 11, bocas graves y agudas, todas repitiendo: «Qan pegao un tiro a un mushasho». Pienso en esa frase como si la llevaran quince monos aulladores de la selva amazónica donde llega antes el ruido que el cuerpo. Monos saltando de boca en boca, comunicando el mensaje de calle Córdoba hacia el muelle Heredia, el Paseo de los Curas, el Hospital Noble, una cabina de la Malagueta que a su vez llega a un anciano de Portada. De calle Córdoba a la Alameda, de ahí a calle Larios, Granada, Victoria, Capuchinos, los Montes y el cabrero dice: «pero ¿se sabe quién e?». Y esa frase baja por los Montes, Capuchinos, Victoria, Granada, Larios, La Alameda y Calle Córdoba. Cuatro monos con bocas como ramas se expanden formando una red hacia la Avenida de Andalucía y ahí hacen magia y, en menos de cinco minutos, estos monos, de los que se cree que son los animales terrestres más ruidosos del mundo, propagan la frase.

En toda Málaga hubo muchos suspiros cuando supieron que no era su hijo,

muchô suspirô, meno uno.

Puede ser que también seamos los más ruidosos de todo nuestro territorio terrestre. Pero al igual que los aulladores, no somos rencorosos, y si nos peleamos dura mu poquito. Cuando en Galicia, País Vasco y Cataluña ya estaban con sus fueros, nosotras aún seguíamos con las conquistas del territorio. El nacionalismo andaluz tiene esa cosa *openmind* de «chiquillo, entra y tómate algo» que, cuando se va la visita, no nos dan gana de ná.

Pero ese día, ese día, cariño, fue apoteósico.

Por primera vez en muchísimo tiempo la visita no tenía prioridad, éramos nosotras lo importante. Peleaba una por sí misma. Y eso sienta muy bien, parece que has crecido unos centímetros y todo. Al estar esto de la democracia fraguándose, a cá puñaíto de personas montaban un partido. Todas estas fuerzas convocaron la manifestación.

M.P.A, L.C.R, U.C.D, P.C.E, P.C.A, D.C.A, P.T.E, P.S.A, P.S.O.E, P.S.P

¿Quién no sueña con escalar un edificio?

¿Quién no quiere con sus propias manos alzarse en vertical por piedras marrones y grises? ¿A quién no le va a gustar escalar un edificio público con una bandera casera de Andalucía con el palo atravesado por la tresilla de los vaqueros Charros?

Cómo te tiene que latir la mente y el corazón. Con qué sublime ritmo para que se pongan de acuerdo en esa estoica, fina y gamberra hazaña de hacer lo que otros debían haber hecho.

El pueblo clamó.

Málaga es que clama muy bien. Ahora, por ejemplo, está el C.F. en Segunda B y, oye, clama la Rosaleda cada domingo tarde como si fuera la final de la Champions League.

Trinidad Berlanga levantó las cabezas de miles de personas y aceleró los corazones.

Un gesto con el que, por unos instantes, la libertad se respiró como hacía siglos.

Cabeza

Siempre me causan curiosidad los hombres (suelen ser hombres los que tienen estos poderes) que deciden cosas de manera muy individual, sin tener la conciencia de que están representando a un pueblo.

Francisco Cabezas que en paz descanse,

usted
fue
un
estúpido.

Le faltó inteligencia, actúo como un necio. Provocó en un millón de personas la misma sensación:

«Tâ apoyardao Cabesa»

La de rotondas que se han construido en nuestro país como un capricho individual. La de grupos que han ido a tocar al pueblo porque le gusta a mi mujer, a mi hija o a mi hermano.

El Señor Cabezas decidió por él mismo, en su esplendor unitario, que la bandera de Andalucía no se alzaría en Diputación. Él creyó que era una decisión suya, como lo es elegir en el menú del restaurante o la corbata que más le gusta de la tienda.

Pero la calle no tiene puertas ni entiende de cargô. La calle tiene criterio pa opinâ, debatir, cuestionar, ensalzar o tirar a cualquiera. No hay corona, micrófono, atril, balón de fútbol que se salve. La calle, cuando vio la hazaña del señor Cabeza, dijo:

«Será maharón, ese se cree el Generalísimo»

«Eres un desgraciao, Cabeza»

«Cómo no has puesto la bandera, aquí se ve lo que te interesa a ti el progreso del pueblo andaluz»

«No tienê ni idea, parguela»

«Qué vergüenza de personae»

«Cabeza, dimite, el pueblo no te admite»

La imagen de la
bandera pequeñita
casera y humana
frente al mamotreto
gigante de la roja
amarilla y roja

ou
ou
ou
ou
ou
ou
ou
ou
ou
ou
ou
ou
ou
ou
ou
ou
ou
ou
ou
ou
ou
ou
ou

Qué pena que ya nadie escala diputaciones, no se protesta por ná, estamos adormilaos con las barrigas llenas de locas, miguelitos, piononos, papajotes, dulces del paraíso.

«Tó nos viene bien, mi arma»

«niña, tá to mu mal, pero no me muevo del banco de la plaza»

«illo, qué asco tó, pero no arreglo ni el casquillo de luz que está flojo de la comunidad»

«ka pasao»

Fantaseo con que convirtamos en fiesta religiosa y folklórica el 4 de diciembre. Que sea un día de mover las banderas como mecemos a la Esperanza o baldeamos los olivos. Que digamos cuatro verdades con el aje que pelamos gambas blancas. Que el mismo entusiasmo que se pone en adornar carretas para el Rocío se encarne para pelear por los derechos.

Escuchaba el otro día a un político vasco decir que la gente que no es del País Vasco dice que allí se vive muy bien y que tienen muchos derechos, y él decía que el tejido social de protesta que hay allí es muy alto. Esa comunidad convoca el 60% de las huelgas de nuestro territorio. Algo que ver, tiene.

Y a mí me da la sensación que Andalucía ha construido hacia el otro. Todo el rato bracitos abiertos para que vengan y vengan y vengan y vengan, y, en nuestra servidumbre, sentirnos realizados, estupendos y primeros en el ranking. «Y no vea cómo está Málaga, niña». Se nos llena la boca.

Pero, al volver a casa y mirar las cuentas, la cosa tambalea. La mesa tambalea, la cartilla tambalea, el tacón de las botas sin chapas tambalea.

Ese día salimos a las calles pá nosotras y nosotros na má. Los andaluces que habían emigrado a Barcelona nos gritaban desde el otro lado

«HAAAAAY QUE HACER COMO ESTA GENTE, NO QUIERO EMIGRÁ MAAAAAA»

Cuando te alejas para ver el cuadro, la mirada es otra. Los diez mil jienenses que emigraron a Barcelona veían los olivos desde arriba y cada noche, al dormirse, pensaban: no es tan complicado, nosotras también podemos volver a ser lo que fuimos. Le dice el Ramón al Rafael: «nos achicamos, nos sentimos meno, mira el Marc, el Roger y la Montserrat, lo que fardan de su salchichón, que parece que no lo hay en otro sitio. Tendremos nosotros salchichones en Andalucía, Rafael. Pero es esa la forma de conseguir cosas. Vamoh a hacé algo por los nuestros, vamoh a mandá una bandera o algo».

La inquietud de dos chavales bajando por la calle Dos de Mayo, nerviosos, hablando alto, alegres, a punto de pedir confeccionar cuarenta metros de bandera de Andalucía. Haciendo compás en el mostrador mientras el Jordi calculaba el precio. El Ramón comiéndose el pulgar y el Rafael, que ya había hecho la cuenta de cabeza, contento porque sí que da el dinero. La alegría de recibir esa bobina de cuarenta metros de bandera y repartirlos por toda Andalucía. La novena provincia andaluza, lo llamaban.

Echar de menos y decir: Andalucía por su autonomía.

Pedir igualdad y decir: Andalucía por su autonomía.

¿En qué sitio de mi pecho tengo la arteria de mi andalucismo? ¿En qué sitio me pincha cuando me duele ver que nos tratan de animalitos? ¿Que nosotras mismas nos tratamos de animalitos? El caciquismo andaluz qué poco ha peleao, chiquillo, por lo colectivo. Tó se lo ha dejado al pueblo, tó. Que la analfabeta, el obrero, luchen, peleen por los derechos que nosotros, desde nuestra posición de cortijo, nunca les dimos.

¿En qué sitio de mi pecho me escuece y me pica la postilla del andalucismo?

Si las palmas las diéramos con otro cometido.

Palmas de: a levantarse

Palmas de: venga VAMO

Palmas de: dos millones de palmas sonando

Palmas de: ser consciente de que para que el territorio crezca tenemos que tocarlas todas juntas

¡Antonio! ¡Maricarmen! Lo mismo vale la pelea del albañil que la del ingeniero que ha entrado en Google. Lo mismo la camarera de piso que el director del campo de golf. Si queremos calidad por dentro, no cartón piedra; relleno bueno de meter el índice hasta el fondo y chupá una nata de categoría superior, pues para eso las palmas un rato, un de vez en cuando, una cosa periódica. Tiene que tirarse hacia otro cometido.

Unas ocho palmas bien dadas
de manos fuertes
de manos viejas
de manos mu chicas
y manos inocentes

PÁH-PÁH-PÁH-PÁH-PÁH-PÁH-PÁH-PÁH!

Tan inteligentes fueron ese día. No se podía hacer solo. Toda esa diversidad política, de clases y formas que había en la calle fue la clave. ¿A qué te creeh que viene eso de levantarse? De reconstruirse. La tartesa ahora es íbera, luego fenicia, después griega, pasao romana, anteayer musulmana y ahora cristiana. Pero ¿yo soy tartesa?

Fuimos al principio la cima de África y, luego, los pies de Europa.

¿Dónde estaban las famosas? Ese domingo, la Jurado dónde estaba, la Piqué, la Sevilla, el Valderrama, Lola, Raphael, Alberti, Aleixandre. Camarón... ¿fue?

La gente ese día se puso guapa, coqueta, era un domingo de jolgorio.

Los gritos de protesta pacífica se hacen con la glotis holgada, extensa y en forma de cuba. Muchas glotis en su máxima expresión gritando:

AAAA

UUUU

TOOO

NOOO

MÍÍÍÍÍÍÍ

AAAA

Sentir las voces juntas cantando lo mismo crea una pared oral al cielo que forma una catedral, un camión, una montaña. El sonido es una película en nuestras cabezas. Una red de pescadores.

Siento que había mucha inocencia por el cambio

Manitas de niños con un plastidecor verde en el sur de Europa, pintando al compás unas líneas que forman una bandera.

Un mapa pintado en tiza en el suelo del patio.

Un bajar del altillo del armario empotrao el traje de gitana que lleva 8 meses escondío.

Un fajín improvisao con un pañuelo del abuelo.

Un niño que esconde las 20 pesetas doradas en su estuche y dice que no las ha traído.

Un chorreón de aceite en el brazo izquierdo de la señorita Pepi, mientras empapa los molletes de todo segundo B.

Una madre que decide poner una camiseta abanderada de color blanco neutrex debajo del traje de gitana amarillo de lunares turquesa. Porque ella es más madre que las otras, porque ella le cubre el pecho y los riñones a su Mónica, porque ella es la mejor.

Un papelito muy arrugado que lleva dos versos que José Miguel no consigue aprenderse:

Granada de su Alhambra, su Albaicín
y su Sierra Nevada tierra para morir.

Y un himno *que, aunque sea amor, el amor es una pena también en el fondo.* Cómo si cada año que pasaba estuviéramos en el mismo punto de no volver a ser lo que fuimos, de levantarse, de pedir tierra y libertad. De siempre volver tras siglos de guerra.

Ahora sí, agradecer a los hombres andaluces que consiguieron todo esto, porque las mujeres no son nombradas como responsables de nada bueno que haya pasado por aquí. Infante, Lorca, Alberti, Picasso, Ramón Jiménez... Cojones andaluces de prestigio.

El traje pica, el fajín se ha perdido, a la bandera se le ha salido la pajita y el desayuno vuelve en las mochilas del 75%.

Pues para celebrar ese 28F antes tuvo que haber un 4D, porque para que algo se instaure, antes siempre tiene que haber una intención, una desmesura, una acción.

El compás

Un millón de puertas se cerraron esa mañana en todas las calles de Andalucía con la alegría de berrear por una autonomía que podría ser el logro del desarrollo del sur.

El ritmo del sentir de las gentes en Andalucía es muy particular. Mu nuestro. Ese día arrancó en fiesta. Y las fiesta aquí son una cosa ehpetaculá.

Ese día hubo palos de toa las clases. Palos flamencos.

Puertas que se cierran en bulerías, tú piensa, niña, por lo menos un millón de puertas que se cerraron ese día en ocho provincias distintas. Esos portazos fueron undos, undostres, cuatrocincoseis, sieteocho, nueveydiez. Así se estuvo una hora por lo menos cerrando puertas en todas las comarcas de Andalucía tirando pa la capital.

Se escucha:

un: en la Cuenca Minera dos: en la Sierra de Segura
un: valle de los Pedroches dos: en la Vega de Granada
tres: en La Janda
cuatro: Tabernas cinco: en la campiña de Jerez
seis: Aljarafe
siete: en la Axarquía ocho: en la Alhama
nueve: en el Guadiato y diez: Antequera

Al igual que las comarcas también lo hicieron los barrios

un: barrio de la Viña dos: la Trinidad
un: Albaicín dos: Triana tres: el Zapillo
cuatro: El Mentidero cinco: La Magdalena seis:
el tuyo
siete: el Palo ocho: Candelaria
nueve: El Obrero diez: La Macarena

Las persianas grises metálicas se bajaban por seguirillas. La noche antes, golpes en las piernas esperando el autobús por alegrías, y frases entonás por rumba. Y luego, ya en las marchas, depende la anchura de la calle que te tocara, andaban por martinete, tangos o fandango. Hasta que se lio, la que se lio en Málaga. Cómo se tuvo que liar por lo que liaron, que todo se precipitó a unos verdiales siniestros El ravero de Los Volubles con el Niño de Elche.

De esos dos millones de personas,
una no volvió a entrar en su casa.

Hacía 40 años que nadie vivía una manifestación de esas características en democracia y con libertad. No sé lo que es falta de libertad, pero me imagino algo así como muy mal rollo en un salón de una casa donde uno está pero no puede expresarse ni actuar con alegría ni nada. La tensión concentrá chocando con el mueble marrón oscuro de 3x2 y la foto de casa de mi abuela.

La sociedad de a pie, la que pisa las aceras, los metros y se sienta en los parques, las mejoras civiles las necesita como el comer. En esas épocas donde las clases tenían una media de 6 a 9 personas por piso, en este clima mediterráneo, tú necesitas las calles para habitar el día.

Se decían muchas cosas al oído. Todavía había un miedo a soltar lo primero. Ese día escucharon al oído cosas como:

«porque había que estar para ser»

«las balas pasaban por encima de nuestras cabezas»

«el pueblo unido jamás será vencido»

Ese año se estrenaba democracia
no se podía ni aprender a leer
se coreaba la solidaridad con el pueblo andaluz:

«si no reclama nadie te escucha»

«artículo 151 medidas exigentes para conseguir el autogobierno»

«pero que el estatuto de autonomía se empezó en la segunda república, te digo que mi prima estuvo allí, pero la guerra lo abortó»

«de no ser por el golpe militar del 18 de julio tendríamos tó»

La bandera de Blas Infante de 1918

Mariángeles sacó perfectamente doblada la bandera de Blas Infante.

Estalló el pueblo de alegría, ordenaron disolver la manifestación.

Se empezó tímidamente a hablar sobre la autonomía caminando rápido y hablando bajito y lento.

El 4 de enero del 77, en nuestro país, se produce la derogación tácita del sistema político Franquista. Tres semanas más tarde, en París se inaugura el Centro Pompidou. Amiga, date cuenta, ¡¿esa diferencia de acontecimientos, porfavaaaar?! Nos coloca en un lugar muy lejano, aunque estemos pegaditos en una extensión de 656,3 km. En España, lo abstracto no era un arte que visitar, era una realidad desbordada. El pueblo agrícola vivía como a principios de siglo, prácticamente. Analfabetismo por sistema. Yo de chica pensaba que ninguna abuela del mundo sabía leer.

mis oho son la bandera de andaluçía
mira si la quiero
que miro a trave della
yo llevo la bandera en la mirá
lâ mano de aceitunera
el pecho de pescaora
la garganta de minera
la lengua de cantaora
y el arranque de empoderá
yo miro y tú ve andaluçía

mira si la pienso
que mì cerebro es un olivo
y mì lágrimas picual

Imagino las folclóricas del momento diciendo: «pobrecillo, el muchacho».

Yo soy andalú

hasta lò hueso.

Curas obreros

Un ramillete de curas obreros en la provincia. Curas hippies, dirían, curas comunistas, curas con barba larga, curas en el campo arando.

Qué pena no ver curas hoy recogiendo fresas.

Una conversación de dos niños en la manifestación:

—Luego te viene al llano conmigo y jugamos a los papelitos.

—Mi madre no me deja desde la pedrá que me metieron por tu culpa.

—Mi culpa no fue. Qué culpa tengo yo de que tú tenga gafa.

—Pero no me defendite y ere má grande que yo y ello eran má chico.

—Qué pesao, que ya te dicho que si se meten otra ve contigo yo te defiendo.

—Júramelo por tu abuela.

—Mi abuela déhala que está mala. Yo no juro, ya lo sabes.

—Bueno, venga, voy y me invita a un chicle y lo que encarte an cá tu tío

—Eso por descontao, Migué. Pero mi tío tá cada ve má agarrao, tá enfadao, dice que el pan cuesta el triple que hace un mes.

—Mira, mi padre se ha puesto antes a llorá pero se estaba riendo, era mu raro.

—¿Se ha muerto alguien?

—No, por esto de Andalucía, me muera, Jesús. Mi padre llorando él solo y riéndose, y se ha puesto guapo cómo de í a un mandao importante.

—Miguelillo, esto e importante porque hay coches de grises desos.

—Yo toy harto de andá, yo me quiero í ya.

—¡Mira esa qué guapa! ¡Qué pelo rubio má brillante!

—¿Le digo algo?

—¿Quelevadecí?

—Mira ese loco, Miguelillo, está escalando.

A día de hoy

El Whatsapp me lleva a ti, el Leroy Merlin me lleva a ti, el Starbucks me lleva a ti, Heineken me lleva a ti, la BP me lleva a ti, el Land Rover me lleva a ti, la Xbox me lleva a ti, Adif me lleva a ti, el Spotify me lleva a ti, el Corte Inglés me lleva a ti, Greenpeace me lleva a ti, el Sprite me lleva a ti, el Halal me lleva a ti, Sony Ericcson me lleva a ti, Lacoste me lleva a ti, La casa de las carcasas me lleva a ti, Nvidia me lleva a ti, Tic tac me lleva a ti, el Betis me lleva a ti, el Banfiel me lleva a ti, el Holiday inn me lleva a ti, St Patrick's day me lleva a ti, el cogollo de lechuga con ajito picáo me lleva a ti, la pizza cuatro quesos con pimiento me lleva a ti, Mil Anuncios me lleva a ti, Europcar me lleva a ti, Wallapop me lleva a ti, el chicle de clorofila me lleva a ti, la señal de exit me lleva a ti, Nigeria me lleva a ti, la vía de evacuación me lleva a ti.

OÜ:

El álbum soñado

De todas las personas que vemos aquí, ¿quién querría defecar con más premura?

Mucho pelo. Antes no había apenas calvos.

Toñi de Casares no abriendo la boca para la foto porque está mellá.

Má claro el agua

Mi prima quiere ser policía.

La mirá perdía

La bandera de España, el símbolo falangista en el Land Rover
y las manos en los bolsillos.

La osadía de la justicia.

Esa sonrisa se queda clavá en el corazón.

El pocas luces no tenía ganas de manifestación.

30.000 mil personas menos una.

Coreografía de cinco bailarines caminando. Puro situacionismo. Estuvieron girando por Europa. Conocieron a una pareja de jóvenes, Marina y Ulay, en Colonia haciendo la performance light/dark dónde se abofeteaban el uno al otro.

Una familia de 1977 y un adolescente (justo en la oreja izquierda del
padre) poniendo morritos de tiktoker camino a instagramer.

Paquito soñando despierto, cumpliéndosele todo, todo, todo,
y eso, eso también, to-do.

Ojalá Orina actuase en el Canela Party disfrazados de estos muchachos.
El Kike, el de la camiseta blanca.

¿Dónde está el hombre que se está fumando el pitillo sujetado por las yemas de los dedos pulgar y corazón juntas, camisa de cuadro y rebeca?

Si solo hubiésemos sido Segunda República hasta nuestros días, ¿la foto oficial de todos los partidos políticos llevando la bandera andaluza sería exclusivamente cis hetero? Pregunto.

Todas tus amigas antes de entrar al concierto de Rosalía

en el Marenostrum de Fuengirola.

OÜ:

El dispositivo

Factores a tener en cuenta

La estructura formal de la que estamos partiendo es la de una manifestación multitudinaria, por lo tanto, hay partes del texto que son para todos y partes del texto que se escucharán como un murmullo, porque cada intérprete solo estará proyectando e interpretando para su pequeño círculo de ese momento. El texto está esbozado con el fin de que se le sumen los textos creados por los distintos personajes de la historia. Los nombres utilizados son los nombres de los actores y actrices que trabajaron en el taller de UMAescena en este espectáculo, menos los de Manuel José García Caparrós y Juan Manuel Trinidad Berlanga.

Cuartilla para la creación de cada personaje y su mood en cada escena

1. PRE-MANIFESTACIÓN
Qué emoción nos inunda:
Objetivo del personaje:
Texto:

2. MANIFESTACIÓN
Qué emoción nos inunda:
Objetivo del personaje:
Texto:

3. LA BANDERA NO ESTÁ
Qué emoción nos inunda:
Objetivo del personaje:
Texto:

4. SUBEN A LA BANDERA
Qué emoción nos inunda:
Objetivo del personaje:
Texto:

5. SE LO LLEVAN Y LA
MANIFESTACIÓN DEBE
SEGUIR AL PUENTE DE LAS
AMÉRICAS
Qué emoción nos inunda:
Objetivo del personaje:
Texto:

6. ENTRADA AL JARDÍN
Y SUBEN AL ESCENARIO
LOS POLÍTICOS (POR
DETERMINAR)
Qué emoción nos inunda:
Objetivo del personaje:
Texto:

7. CAPARRÓS
Qué emoción nos inunda:
Objetivo del personaje:
Texto:

8. DISTURBIOS
Qué emoción nos inunda:
Objetivo del personaje:
Texto:

OÚ.
Pieza escénica
documental
itinerante

ou ou ou ou ou ou ou ou ou ou ou ou ou ou ou ou ou ou ou ou ou ou ou ou

Instrucciones de montaje de este dispositivo escénico.

* El dispositivo dura de 35 a 45 minutos.
* Al ser itinerante, empieza en un lugar y termina en otro.
* Se puede realizar en institutos, comunidades, colectivos, familias, pueblos, peñas, cuadrillas, cofradías...
* El recorrido tiene cinco localizaciones distintas: Plaza, Diputación, Pasquines, Caparrós, Parque. Todas tienen que estar cerca las unas de las otras para ir transitándolas en el avance de la propia manifestación.

Características de los lugares:

* Plaza: un espacio abierto donde los intérpretes puedan salir desde algún punto y colocarse en un lugar relativamente amplio.
* Diputación: hay que elegir un lugar en el que se pueda colocar una bandera y escalar, aunque sea algo mínimo. Una escultura, un edificio, una ventana.
* Pasquines: un lugar al aire libre para tirar pasquines.
* Caparrós: un espacio en el que dé la sensación de estar acorralados, como la entrada a un parking, un callejón sin salida, un recoveco del patio de recreo.
* Parque: un lugar para comer pipas en un banco o un espacio donde se saquen sillas y simular un banco

Utilería:

* Bandera de Andalucía hecha a lo Pollock que sirva de cabecera de la manifestación. Opciones: una sábana blanca vieja, un papel continuo, una lona de publicidad por la parte blanca.
* Una bandera de Andalucía y una de España. La bandera de España tiene que ser más grande y dar el aspecto de institucional, mientras que la andaluza ha de ser más pequeña y casera.
* Cuatro petardos del formato de los willys (es lo suyo).
* Un altavoz portátil para poner las canciones.
* Al menos las mismas personas de público que de actores. Es decir, hacen falta diez personas mínimo para reproducirlo.
* Octavillas donde ponga «Blas Infante VIVE».
* Pipas aguasal a repartir a puñaítos.

Playlist del dispositivo

*

Son Ilusiones, de los Chichos

Sangre, sangre, de Juan Pena
(los primeros doce segundos en bucle)

Manhattan, de Enrique Morente & Lagartija Nick
(los primeros 16 segundos en bucle)

El ravero, del Niño de Elche & Los Voluble

* El código QR ya lo siento demodé, pero no encuentro mejor forma de traer
la música hasta la página.

Libreto de

OÚ

1.   La escena del llamá pô la ventana

La sensación es mañanera. La actitud es de por la mañana, de recién levantaos, de calles frías, pajarillos, coches recién despertaos y carillas de dormío.

Plaza: Un espacio diáfano en el que puedan aparecer los intérpretes desde lejos.

Se escucha el murmullo natural que genera el público antes de cualquier representación. Al ver a la primera persona que llega de lejos, se callan.

Pantalones de pata de elefante, cuellos de pico, rebecas de hilo, calcetines por encima de las rodillas, bigotes frondosos, gafas ámbar, felpas de nácar, bandoleras color camel, chaquetas de cuero cortas, jerséis hechos por abuelas, cuellos altos, vaqueros Lois, corbatas cortas-anchas, paraguas negros y de flores, pañuelos de tela para los mocos, uñas pintadas de rojo oscuro, flequillos muy largos, oro heredado y muchas barbas (hasta el rey Juan Carlos se dejó la barba de tres día en esa época).

Miran al cielo y gritan uno a uno, montándose las sílabas de uno encima del hombro de las sílabas del otro.

Cada boca coreografía un nombre:

Caaaa aaaar-

meeeeeeennnnn-

nManolooooooooooo-

Paaaaaaaquiiïlllll-

Mamaaaaaaaaa-

Saraaaaaa -

Fernan n -

nnnndooooooo -

Consueeeeee -

eloooooCarli -

too oooooooooooo-

Sebaaaaaa-

aaaaaaaaLour-

d eeeeePe-

r eeeeeeeeSoleeeeeeeeeee-

Dieeeeeeegooooooooo

Paulaaaaaaaaaa-

Beniiiiiiiiiiiiiii-

Innnnnnnnnnnn-

maaaaaaaaaaLo-
liiiiiiCarmelooooo-
Saaaaalvaaaaaa-
doooOOOOOOOoooo

Al terminar su nombre, largo y costumbrista, reaccionan con el gesto cuando los ven salir (esto al público le encanta porque ve que no hay nadie, pero con el gesto del intérprete entra en el juego de que sí).

Qué te queda, Carmen venga bajaaaaa
Échame 30 peseta voy mientras al kiosko María a comprá una ca-
jetilla de Lola y no tarde mamón que te espero allí
Coge paragua que dicen que va a llover
Todavía estás con la toalla en la cabesaaa yo me voy ennnnnnnnn
Tito coge dinero pá mi que tu hermana no me ha dao
Por qué no vieneeee????? Consuelo, pero por qué???? Anda ya??!!!!!
Que no va a pasar naaaaaa, que está convocao por lô partidos, que
es algo bien hecho VENTEEEE IAAAAAAA!!!! ME VA DEA
SOLA Consuelo, venga mierda bajaaaaaaa yaaaaaaaa
Qué wapa vaaaa Inma, ta hecho lo bigudie y tó
Baja
Baja
Baja
Baja
Baja

Todas las cabezas bajan lentamente, miran a un grupo del público y se van hacia ellas como si las conocieran.

Mira ke ase, cómo está tu niño, me dijo Encarnita que lo tuvieron que encamar, qué láhtima, niño, ¡güeno día! Tá dormío, a vé cómo se presenta esto no, yo la verdá nunca táo en una cosa desta, pero pinta dabuti

Cusha, ar fina no quisiste venirte el jueve a lo furboline y estaba la Reme allí, preguntó la amiga por ti y tó. Ere un pamplina, tuviera venío

Qué pasa, tita, qué guapa viene, fuiste ayer a la peluquería de la Mayre, te dio mi tío dinero, anda, qué güen marío tiene, te queda mu bien pareces la Chirli Maclain

Etoy nervioza, Yolanda, tú sabe por dónde vamo a tirar. Luego páramo en la casa de guardia.

En el murmullo del primer acercamiento con el público, empiezan las primeras sonrisas y abrazos. Saluda como si fuera tu hermana, tu amiga, la de tu barrio. En ese jaleíllo, Enrique da un par de palmas. Calla al personal y dice:

Ya estamos aquí. Ya despertamos. Hoy no se duerme siesta. Aquí hay mucho acento pidiendo lo mismo. Nos llaman la capital del paro. Ya ni el turismo ni la construcción ni el campo, las únicas fábricas importantes que quedan están en crisis o cerrando. Necesitamos un autogobierno para salir del subdesarrollo, conquistar la justicia social y acabar con esta condena de pueblo predestinado y resignado a tener que soportar míseras condiciones de calidad de vida, a la vez que nos tratan como una fuente de mano de obra migratoria, barata y sin cualificación. Ya está bien, hombre. Ya está bien.

La peseta cada vez vale menô aquí y fuera de España. Nuestros hermanos catalanes, vascos y gallegos están en lo mismo y lo han conseguido. Vamos a romper las cadenas del yugo que nos atan al retraso histórico. Hoy soy sevillano, almeriense, granaíno, jienense, gaditano, cordobés, onubense y, sobre todo, MALAGUEÑO. Hoy las calles son nuestras y de nadie más. Hoy solo venimos de un sitio.

Empiezan a aplaudir todxs los intérpretes y, a la vez, el público se arranca:

Dí que sí, Enrique
Yiave cómo lo sabe
¡Qué bien habla, shiquiyo!
Por lo que ya no están
Tamo junto ezo e azí

2. *La escena de prepará entre todxs el arranque*

Lxs intérpretes empiezan a mezclarse con el público en un efecto de mimetismo, como en un plano secuencia con el que te adentras en una masa de personas que empiezan a repartirse los quehaceres de la manifestación.

Cada cual empieza a preparar sus tareas antes de la manifestación y a captar al público, dando por hecho que son personas que han venido a la manifestación.

Manuel y Jesús captan a los que serán los políticos que representen todas las fuerzas que convocaron la manifestación:

M.P.A, L.C.R, U.C.D, P.C.E, P.C.A,
D.C.A, P.T.E, P.S.A, P.S.O.E, P.S.P.

Buscan hombres de unos treinta, cuarenta, cincuenta, que tengan pelo y cara de político.

Cristina y Enrique observan a los más resueltos del público, los que ya estén hablando sin que nadie se lo pida, y les dan las octavillas que luego se van a lanzar.

Gloria y Lola reparten pancartas a una representación de la sociedâ, a un adolessente, una muhe mayô, una persona en silla rueda, una embarassada. Y sí se está haciendo en un instituto, pues a la má merdellona, al má capitán del Mortadelo FC, al más queer, a la abandoná y al abandonáo, a los que más amor hay que darles.

Marta, Marijosé y Ángeles portan las banderas y se la dan a mucha gente. A la gente que se ve más tímida, que le da como apuro, pero en verdad ha venío a una obra que es un dispositivo escénico itinerante documental que va de una manifestación multitudinaria, por tanto, digo yo, en verdá que una bandera es capâh de coge y moverla de vez en cuando... si no, no te apuntas a este bombardeo, cariño.

Berlanga se fuma un cigarro en su *acting*, esperando a que todo se organice e invita a alguien a uno. Digamos que se encarga de los fumadores de la manifestación y, en un instituto, de los que ve que no van a entrar en el *mood* de un teatrito, como diría mi amigo Alex Peña.

En un puñaito de gente:

Angie: *Yo me quedado viuda con cinco niños y mi marío hubiera venido hoy y aquí estoy por él. Tengo susto, pero aquí por él he venío.*

En otro corrillo:

María José: *Dí que sí. Las mujeres tenemos un papel también en esta manifestación de pedir empleo sin que se nos recrimine.*

En otro:

Marta: *Las vecinas del barrio hemos cosido unas banderas. Y también tengo aquí vino del pueblo de Comares, niña, levanta una bota, así que ya saben. Hay que calentarse que parece que va a llover.*

Josito: *No nomos visto en otra. Va a ser muy bonito. No he dormido ná, y por si animáis esta noche damos un concierto en el Piper's «Los chamarretas» será un conciertazo vamos a cantar también de Miguel Río.*

Jesús y Manu: *Bueno, venga que son casi las doce. Vamos a organizarnos, señores, a ver los altos cargos.*

Se va para cuatro hombres:

Jesús: *Ya sabéis que nosotros como principales miembros de los partidos políticos lideramos la cabecera.*

Manu: *Cómo van esas pancartas, que salimos, Lola, apurarse.*

Ainhoa, Lola y Fran: *Veniros con nosotros, hay pancartas que terminar. Qué guapa te has puesto, mocita. Yo esta falda me la compré el viernes y la estoy estrenando.*

Rafael: *Esto está grabando. Se me escucha o no. Va bien... Venga arranco. Estoy nervioso, niño. La primera ve que cubro una manifestación. Voy: Todos se disponen para dar comienzo a la movilización. Según lo previsto, partirá desde el Hospital Noble, pasando por la Plaza de la Marina y acabando en el Puente de las Américas, donde está previsto que se lea el manifiesto. Los manifestantes están terminando en este momento los últimos detalles. Las banderas lucen los colores de Andalucía, los políticos se agrupan en las primeras filas, hay gente repartiendo pasquines, octavillas, chapas. Desde Radio Juventud estamos dispuestos a traerles la última hora de esta manifestación que ha sacado a todos los andaluces y andaluzas de sus casas.*

María José: *Venirse conmigo que vamos a buscar unas chapas que han hecho, han quedado mortales. Estoy aquí por mi padre, por mi tía, por mi hermano, por mi amiga, por mi hermano que está en la mili, sé que tengo que estar. Yo en realidad no lo sé mucho, pero confío en el criterio de esta persona, que le hubiera gustado estar aquí, de poner el cuerpo, con líquidos, voces y presencia.*

Angie y Marta: *Recordad los ensayos de la semana pasada. Que se vea extendida y arriba. Ondeando. Vamos a terminar de coser esta que está por hacer. Se nos ha echado el tiempo encima, niña, da iguá que eso no se nota que salimos ya.*

Cristina: *En Cuba, de donde yo vengo, las manifestaciones se han convertido en un arte. Los pasquines son los que a más rejillas llegan. Una revolución empieza con miles de mensajes en el aire. Vamos a hacer una cosa: en el momento que me escuchen decir la frase «¿Queremos una autonomía?», lanzamos al aire los pasquines al mismo tiempo que gritamos «¡LIBRE!».*

Enrique: *Ponerse bonito, en fila, que se vea todo lo que somos. Estamos listos, venga que salimos.*

Jesús: *Estamos todos, ¿no? Francisco Villodres (UCD) y Braulio Muriel (independiente); los diputados Rafael Ballesteros (PSOE), Francisco de la Torre (UCD) y Tomás García (PCE), y los secretarios Miguel Ángel Arredonda (PSA) y Godofredo Camacho (MCA), Florián Calvo (PTA).*

3. La escena en la que la manifestación es una realidad

Todxs lxs manifestantes empiezan a notar que los intérpretes están preparando la salida de la manifestación. Es un momento muy emocionante, porque hasta ahora todo parecía una representación al uso, pero es cuando se percatan todos los espectadores y las espectadoras de que van a caminar, se van a mover y todo eso va a empezar a convertirse realmente en una manifestación conjunta donde ya pasa desapercibida la gente que está actuando y la que no, porque todo el mundo entra en el juego de actuar. Es el momento más emocionante, porque todas las cabezas empiezan a mirarse y, sin hablar, se ponen de acuerdo en que quieren jugar y entrar, mientras hay un nerviosismo en el aire. Hay una inquietud de querer formar parte de algo que se está construyendo entre todas y todos, es el comienzo de la colectividad.

Coreografía espacial

Si la pieza se pudiera ver con un dron, parecería una coreografía coti-
diana, muy Pina a veces, muy Vandekeybus otras.

El lenguaje corporal de la gente común en sus manifestaciones diarias
es uno de los temas que más me interesa. Y, en una manifestación, ese
lenguaje se convierte en extraordinario. Cuando asistes a un dispositivo
de esta índole, el público se siente seguro cuando sabe lo que «tiene que
hacer» y, llegados a este punto del dispositivo, es importante arrancar
con el objetivo en cuerpo, en acción; para ello, los intérpretes tienen que
tener muy claro que ellos son los responsables de esa coreografía, de que
se ponga en marcha y de que nadie se descarrile. Empieza el pastoreo.

El teatro es pura matemática: hay que hacer un rectángulo de filas,
con un orden dramatúrgico. Por ejemplo, si asistieran 77 personas de
público:

FILA 1: Jesús y Manu en cada esquina con los dirigentes políticos.
FILA 2: Angie y siete personas del grupo de las banderas.
FILA 3.: Caparrós y siete personas con octavillas.
Primer bloque de la manifestación

FILA 4: Ainhoa y siete personas del grupo de los carteles.
FILA 5: Cristina y siete personas del grupo de las octavillas.
FILA 6: Marta y siete personas del grupo de las banderas.
FILA 7: Berlanga y siete personas.
Segundo bloque de la manifestación

FILA 8: Kike y siete personas del grupo de las octavillas.

FILA 9: María José y siete personas del grupo de las banderas.

FILA 10: Álvaro y siete personas.

Tercer bloque de la manifestación

Lo suyo, lo guapo, es que, si lxs intérpretes lo hacen bien, la masa no se ha dado ninguna cuenta de cómo se la ha ido moviendo en el espacio.

4. La escena de los vítores del jolgorio, de la alegría

En esta escena, vamos caminando y surgen todos los personajes que tenemos cada cual. El ambiente es festivo y de alegría.

Que salga a flote la improvisación de cada intérprete. Siendo fiel a su biografía de personaje y al contexto donde está, tiene que jugar a improvisar desde ahí. ¡Como la vida misma, niña!

En paralelo, entre charla y secretos, al unísono, el elenco tira del público, obrando el milagro de la realidad en la ficción, de que alguien que lo vea desde fuera no sepa quién está actuando y quién no.

Partitura de vítores

Son los vítores en una manifestación, el hilo de conversación común. Podéis escuchar una versión de cómo cantarlos en este qr, para que nos escuchéis el tono (me dan mucho asco los qr, pero, es que, ¿cómo te lo cuento?):

1. ANDA LUCÍA / ESTÁ EN LA AUTONOMÍA

(8 veces aproximá)

2. Palmas 1-2 123 1-2 123 1-2 123

(8 veces aproximá)

3. AN DA LUCÍA LIBRE AN DA LUCÍA LIBRE

(8 veces aproximá)

4. Palmas 1-2 1-2 1-2 1-2

(8 veces aproximá)

5. JUAN CARLOS, SOFÍA, QUEREMO AUTONOMÍA

(8 veces aproximá)

6. Palmas 1-2 1-2-3 45678910

(8 veces aproximá)

7. LA TIERRA Y EL CAMPO / QUEREMOS GESTIONAR

(8 veces aproximá)

8. Palmas 12345Y6 - 12345Y6

(8 veces aproximá)

En este momento ponemos en valor la intrahistoria de 1977. Lxs intérpretes cuentan sus vidas de una manera íntima. Porque una manifestación también es una quedada con la amiga que no veo desde hace
mucho tiempo, y entre las protestas se crea un ambiente muy propicio
para ponernos al día. Todos estos textos se hablan a lo largo de la manifestación entre vítores al pequeño círculo que te ha tocado:

Ainhoa: *Ayer vi la Guerra de las Galaxias, no me enteré de ná
pero me gustó mucho. Pasé miedo y tó.*

Angie: *¿Alguna sabe de algún trabajillo, coser cintas, limpiar algo?
Tengo dos trabajos, pero no llego. Quiero encontrar otro, mi jefa
no me sube de las 8000 pesetas al mes, con la de hora que echo en
la mercería y en su casa limpiando. No llego a la semana, el pan 9
pesetas, la leche a 20, un kilo de azúcar el otro día me lo cobraron
a 40 pesetas, me peleé con la Manoli de la tienda, la pobre, ella qué
culpa tendrá.*

Marta: *La semana que viene en el Eduardo Ocón viene un grupo
que canta canciones de Jarcha. Yo me he hecho una camiseta que
pone «Jarcha» con pintura roja. Aholá venga Miguel Bosé me tiro
tó el día cantando «Linda agua de la fuente Linda dulce e inocente».*

Jesús: *Lo que yo quiero decirle, don Tomás, es que hay fuga de ca-
pitales, dicen los empresarios y el pueblo, y es verdad, don Tomás,
ha visto que los precios están locos. Hace cuatro días compré una
malagueña a 7 pesetas y hoy está a 9, ¡¡figúrese!!*

Berlanga: *¿Tú conoces a mi primo Tony? Él tenía muchas ganas de venir, pero* (baja la voz) *es uno de los que se escapó en julio de la cárcel de Carabanchel y no quería má problemas y no quiere pasa más hambre, está obsesionao con eso.*

Cristina: *¿Sabéis que en Brasil ahora estamos en plena Dictadura Militar?*

—*¿Eso por qué? ¿Cómo empieza eso?*

Cristina; *¡Empieza porque nadie dice nada! ¡Se disuelve el Congreso Nacional y nadie dice nada! ¡Cualquier persona considerada sospechosa puede ser encarcelada! ¡Eso es volver a la Edad Media! ¡En la televisión y en la radio solo ponen lo que ellos aprueban! ¡Censura, tortura, personas exiliadas! ¡Tenéis que luchar por la libertad ahora!*

Enrique: *¡Esa bandera más arriba! ¡Que luzca bonita! ¡Vamos señores, aligerarse un poco, que se nos escapan los de adelante! Por esta zona no se escuchan casi los vítores. Un poco más de energía, por favor, que no estamos en un entierro. ¡Que el mundo entero escuche lo que pedimos! Andalucía está en la Autonomía...*

Manu: *Yo iba para abogado, ¿sabe usted? Me encanta todo lo que tiene que ver con las leyes, pero después del accidente de mi padre me tuve que poner a trabajar para ayudar en casa, 16 años tenía entonces, y muchos sueños que tuve que dejar a un lado. Y ahora van y cierran la fábrica justo cuando me habían hecho encargado jefe. Pero hoy la suerte va a cambiar, ¡mire qué bien está saliendo todo! Vamos, ¡que se escuchen esas voces! Andalucía está en la Autonomía...*

María José: *Me enteré hace tres días de la convocatoria de esta manifestación y me dije: ¡yo tengo que estar ahí, no puedo faltar! He venido desde Almáchar, un pueblo de la Axarquía, en tres autobuses hemos salido desde Vélez-Málaga, a las 8 de la mañana, y nos han dejado en el Paseo de Martiricos.*

Jesús: *Esto está pasando porque tenía que pasar, Andalucía no puede quedarse atrás. El pueblo andaluz tiene que reivindicar su autonomía porque la necesitamos. Andalucía tiene que despegar. Yo salí para Francia cuando la guerra y estuve 4 años trabajando en Lyon. Allí nació mi Andrés, que ahora está en Australia porque aquí no había nada que hacer. He pasado más tiempo fuera que en mi tierra. A los pocos años de volver nos tuvimos que ir de nuevo, para luchar contra el hambre porque aquí no había un pan que llevarse a la boca. Con mi mujer y mi niño nos fuimos a Alemania, donde estuvimos trabajando 15 años en Frankfurt, en una fábrica de conservas yo y mi mujer limpiando en casa de un juez.*

Ana Mari: *Ay, ¡qué nervios!, mira, se me ponen los pelos como escarpias... Porque yo hoy estoy aquí, pero también en Cai, donde está mi gente... Le he hecho hasta un traje a la niña de mi Antonio.*

5. La escena hollywoodense de Juan Manuel Trinidad Berlanga, ese muchacho que escaló pá hasé feliz a doscientos mil malagueñxs

Localización: Diputación.

La coreografía que formaba un rectángulo se convierte en una media luna situada frente al imaginario edificio de Diputación, en el que ondea una bandera de España.

El comienzo de esta escena lo marca el cambio de posiciones del grupo: pasamos de ser línea recta a ser media luna, mirando a la bandera. Formar este dibujo.

En esta escena se desarrolla el acontecimiento que hará que el día gire hacia otro lugar.

Lxs malagueñxs confirman el rumor de que el señor Francisco Cabezas no ha dado la orden de colgar la bandera. Y se corre la voz por toda la manifestación de que no han puesto la bandera andaluza.

Lecheras aparcadas y comienza la intensidad de la acción, el volumen sube a un nivel alto de protesta.

Se escuchan cosas como esta:

Finalmente se cumplen los rumores, el presidente de la Diputación, Francisco Cabeza, no ha dejado ondear la bandera verde y blanca en el balcón de la Diputación.

¿Tú sabes por qué no han puesto la bandera de Andalucía? Es que no tiene nada de malo, es la bandera de nuestro pueblo, deberían ponerla, ¿tú sabes por qué no está?, pues la de España sí está puesta, si no querían banderas no hubieran puesto ninguna, pero que la de Andalucía no esté... no sé... eso es que no han querido ponerla.

Mira que lo siento, pero a Francisco Cabezas le ampara la ley en su decisión de no poner la bandera andaluza junto a la española. La Diputación es una institución que representa al Estado español y la ley de banderas dice claramente en el punto segundo de su artículo tercero que la bandera de España será la única que ondee y se exhiba en las sedes de los órganos constitucionales del estado y en la de los órganos centrales de la administración del Estado.

Bueno, solo es una bandera, lo que tenemos que hacer es dejarnos de tonterías y continuar con la manifestación, solo así podremos conseguir que algún día la bandera andaluza luzca junto a la española en la Diputación con todas las de la ley.

¡Fascista, Cabeza, saca la bandera!

Los fascistas siguen siendo un freno al avance de Andalucía por la libertad. Tantos años tirados a la basura, chupándonos la sangre. Y encima desleales, incumpliendo lo que acordaron todas las Di-

putaciones de Andalucía. Mientras sigan ahí arriba, no cambiará nada aquí abajo. No podemos permitir que nos arrebaten de esta forma el sentir de nuestra tierra, compañeros. Queremos la verdiblanca ondeando orgullosa allá arriba. Málaga la trabajadora no se va a quedar de brazos cruzados en este día.

¡Maldita sea! ¡Ya lo había oído yo! Lo hablábamos en el departamento, en la Universidad... Ha sido el presidente de la Diputación provincial, ¡se ha negado a ponerla! Oí rumores... ¡me parece de cachondeo! ¡¡Sevilla, Cádiz, Jaén, Córdoba...!! ¡Todas ondean hoy nuestra bandera! ¡¡Verde y blanco son nuestros corazones!!

Inciso poético

El primero que decidió escalar un colegio para jugar dentro al fútbol; la primera vez que escalas la cuna y saltas a la cama de matrimonio; ese primer impulso pulcro de escalar el balcón para limpiar los cristales; escalar la reja para tocar a la virgen del Rocío; sentirte mono y escalar un árbol para tallar un corazón donde nadie lo vea y que dentro ponga A y V; escalar un edificio por amor a todo lo que acabas de leer, amor al que juguemos todos, al cuidar lo que es mío, a la fe, al amor por quien te cuida, te mima y donde quieres vivir y seguir.

Berlanga escaló, en silencio, con determinación, sin miedo y con la sístole golpeando como nunca. Berlanga llegó y por unos segundos se jugó al fútbol, se saltó a la cama, se limpiaron los cristales, se tocaron los pies a la virgen y se tallaron dos iniciales. Un estruendo de vítores. Cabezas mirando lo que el Cabezas no hizo. Hubo bandera de Andalucía en el balcón de Diputación. Porque a veces un impulso inocente y valeroso cambia la película.

Trinidad Berlanga, al jincar la bandera, despertó la libertá que para muchos seguía dormía desde el 39.

Desencadenó un maremoto. Cabezas se *inrritó*, con ene, y mandó a disolver la manifestación. En un alarde de nostalgia de lo que España fue, ¿cómo puedes cargarte la felicidad de 200000 mil personas, Cabeza, coñooo? Pienso que la vida a Cabezas le tuvo que devolver el quitarle la sonrisa a todos esos malagueños con hemorroides, ardores, mosquitos traicioneros cada noche, perder cosas en la casa y no encontrarlas nunca, mal sabor de boca y un pinchazo en el pecho de ser desencadenante de un maremoto que terminó en la peor de las cosas.

Un detallito a tener en cuenta: la policía seguía con el régimen interno de la dictadura. Aquí nadie se había parado a renovar nada aún. Las instituciones no habían cambiado. La policía se regía por una disposición del año 1941 de posguerra y dictadura.

En este momento, uno de los intérpretes, el que represente a Trinidad Berlanga, coge la bandera, la muerde con sus muelas (las picás y las que no) y empieza a escalar ese lugar que hayáis decidido que es Diputación.

Esta escena es coral, quiero decir: lxs intérpretes, con sus gritos y su emoción junto a Trinidad Berlanga, son los que crean el sentimiento de la escena, ya que si la persona escalara algo ridículo y el grupo no apoyara el gesto con gritos de aliento y expectación no se recrearía correctamente ese momento.

Última hora desde Radio Juventud: un joven sale de las filas de la manifestación y decide escalar literalmente la fachada de la Diputación. Lleva en la boca una bandera andaluza. Parece que quiere colgarla en el balcón. Los demás manifestantes animan ansiosos al muchacho para poder ver la bandera verdiblanca en el balcón de la Diputación.

Chiquillo ónde va / Ole de verdá / Valiente / Ese muchacho que se va matá / ¿Quieneeee? / Ole tú cohone / No pueo mirá / CABEZA, DIMITE, EL PUEBLO NO TE ADMITE / Ló unicos mahara que no hemo puesto la bandera / Qué poca vergüenssaaa / Digooo que va a llegar / Tú puedes, niño, no te quea naaaaa / Ay, omaíta, que está mu alto se va a matá / Míralo, AY AY AY / VAMOS PÁ ARRIBA / Mira qué chiquitilla ha queado al lao de la otra, qué pena. Tenía que haber cogío una mía.

Y, de repente, sucedió lo de Sudáfrica en 2010 cuando el de Fuentealbilla hizo lo propio en el minuto 116. Una ola de fervor, aplausos, catarsis y lágrimas bonitas, gordas de alegría. Trinidad Berlanga coronó el Everest de la Plaza la Marina y su bandera casera cosía por su hermana hizo historia.

Como ocurre con la magia, ese momento apoteósico duró NÁ. Lo que sí duró fue lo que desencadenó, una sucesión de nefastas, torpes y peligrosas decisiones. Con tó la maldá, engancharon por la espalda a Trinidad y lo hicieron desaparecer dentro de las cortinas rojas y densas del balcón de Diputación.

Resolvemos nosotrxs el momento con uno de los intérpretes que no ha hablado durante todo el tiempo. Hace de policía secreta y se lleva a Trinidad Berlanga, lo hace desaparecer. Luego, vuelven los dos desde otro personaje.

Ahí comienza el carrusel. El público grita como si el gol hubiera sido anulado.

Hay que conseguir que el público se revele y sienta en sus carnes esa injusticia y estupidez que cometió el señor Cabeza.

Vítores:

CABEZA DIMITE EL PUEBLO
NO TE ADMITE

SOLTAD AL NIÑO, FASCISTAS

ANDALUCÍA POR LA
AUTONOMÍA

6. La escena de shoumasgouon

La manifestación debe continuar con el recorrido. Los intérpretes tienen que volver a la escena de los vítores, pero con más energía, indignación, motivación heróica.

Los intérpretes animan y mezclan textos suyos, íntimos, con textos colectivos.

¡Venga, vamos! Familia, hay que seguir, que nos esperan en el Puente, que nos tienen que ver! No nos van a parar ni nos van a callar, porque es nuestro día... ¿eh? ¡Que no nos van a callá!

¡Soltadlo!, no ha hecho nada malo! Ellô estarían má contento si nos hubiéramo quedao en casa, no le vamo a dar ese gusto, tenemos que seguir, arriba y ahora más que nunca, que se enteren que esthamos aquí y que nos movemo por y para. Esas palmas, esas banderas, que no decaiga la alegría. Queremos pan y trabajo. ¿A quién hase eso mal, a quién?

Al pobre muchacho seguramente le aplicarán la ley sobre peligrosidad y rehabilitación social, la que sustituyó a la de vagos y maleantes, la gandula, para que me entiendas. Por vandalismo le pueden caer hasta 5 años.

Bueno, venga, que tampoco es para tanto. Estamos a lo que estamos. Continuemos hasta el puente de las Américas, leamos el manuscrito y aquí no ha pasado nada.

Vuelven los vítores.

CABEZA DIMITE EL PUEBLO NO TE ADMITE

(8 veces aproximá)

ARRIBOTE ARRIBOTE FASCISTA EL QUE NO BOTE

(8 veces aproximá)

1-2 123 1-2 123 1-2 123

(8 veces aproximá)

1-2 1-2 1-2 1-2

(8 veces aproximá)

JUAN CARLOS, SOFÍA, QUEREMO AUTONOMÍA

(8 veces aproximá)

1-2 1-2-3 45678910

(8 veces aproximá)

LA TIERRA Y EL CAMPO / QUEREMO GESTIONARLO

(8 veces aproximá)

12345Y6 - 12345Y6

(8 veces aproximá)

LIBERTAD LIBERTAD LIBERTAD

(8 veces aproximá)

Uno de los intérpretes, el que tenga actitud de vivir la noche, pone la canción «Son ilusiones», de Los Chichos, en un altavoz portátil y todxs empiezan a cantar este trozo de la canción.

Hay veces que me pregunto
Pero no sé contestarme
Lo que hacemos en la vida
Luego de nada nos vale
Todo es una mentira
Todo se lo lleva el aire
Hay veces, yo me pregunto
Pero no sé contestarme
Son ilusiones (Qué más me da)
Son ilusiones (Así nací)
Son ilusiones
Porque todo lo que piensas tú
Son ilusiones (Qué más me da)
Son ilusiones (Así nací)
Son ilusiones

El público en este momento ya está dentrísimo si lo hemos conducido bien.

¡Viva Andalucía Española!

Lo grita un intérprete que representa aquella minoría de la FAE (Frente anticomunista español).

Francesco en bajito le dice a alguien del público:

Ya está el de la FAE... VIVA ANDALUCÍA LIBRE.

Y del coraje se sube en un mobiliario con una mínima altura para que le escuchen y suelta una arenga.

Camaradas, ¿alguien de aquí sabe quién fue Blas Infante? ¿Tú? ¿No? Pó básicamente el Padre del andalucismo, que murió en la guerra por sus ideales y lucha por nuestra defensa andaluza. Este hombre fue el que le dio impronta a la bandera andaluza y escribió un libro que ha estao oculto y escondío y ya é hora que se sepa, se llama Ideal Andaluz, *es de 1915 ni má ni meno, y arranca diciendo:*

«Este es el problema: Andalucía necesita una dirección espiritual, una orientación política, un remedio económico, un plan cultural y una fuerza que apostolice y salve».

Decía Infante «Yo tengo clavada en la conciencia desde la infancia la visión sombría del jornalero. Yo le he visto pasear su hambre por las calles del pueblo»

Leo:

«La Andalucía de alma robusta, fuerte y prepotente, la Andalucía culta, industriosa, feliz, que ha de imponer el encanto de su genio en la realización del Ideal Español; pero la Andalucía debilitada, la del alma postrada y expandida, saturada de tristezas, mustia,

sin sangre ni calor, la Andalucía a la cual apenas se le encuentra el pulso, como decía Silvela de España, esa Andalucía existe. Su realidad es indudable. El genio de un pueblo descenderá con él hasta los abismos de la más espantosa decadencia, ascenderá con él hasta las cumbres del más glorioso renacimiento; pero sólo con la vida de ese pueblo puede llegar a perecer; y, recíprocamente, sólo se puede decir de un pueblo que ha muerto cuando su genio se ha perdido».

Vamos a convertirnos en la humanidad que Andalucía se merece, levantarse lesheeee (tira las octavillas lo más arriba que el cuerpo le alcance)

Se crea una gran ovación de palmas y silbidos:

MÁLAGA UNIDA, ANDALUCÍA, PAN Y LIBERTAD.

Todos levantan un puño y con la otra mano el símbolo de victoria.

Desde Radio Juventud, nos confirman desde Diputación que el gobernador ordena la actuación de la policía armada. Ordenan disolver la manifestación de inmediato.

En una manifestación tan familiar, cualquier situación de fuerza crea un caos total, está clarísimo. Al público lo vamos colocando en los extremos del espacio, formando un pasillo, y nosotros dentro de él.

Aquí nos llevamos al público a la escena de los disturbios, tiene que ser un lugar sin salida o menos ancho que el anterior, que dé aspecto de ratonera.

Suena «Manhattan», un bucle de 5 minutos de los 16 primeros segundos.

Mientras los llevamos de un lugar a otro se escuchan textos como este:

¿¡Que han salío de las lecheras?! ¡Digo! Que los he visto yo. Había muchos grises, la policía por todos lados, cientos ¿Habéis escuchado eso? ¿Un disparo? No puede ser... ¿Mi hermano dónde está? ¡¡¡Jose Migué!!!

Mi tía dónde se ha metido. Mi niño, por dio, mi niño que no lo veo con tanto humo, ay, omaíta, Luiiiiiiiiiiiiiiiiiis...

Pero qué hemos hecho, bendito sea
Correeeeee... ¿Qué pasa? Yo qué se, correeeee
Tira pá lautobuuuuuu que se va pa Vele niñaaaa
Este humo qué eeeee
No llore que no pasa ná, tú corre
Niño, mira qué susto viene como leones pá nosotro
DISUÉLVANSE, se terminó la tontería

La majá de palos que le estarán dando al mushasho ka puesto la bandera, angelito

7. La escena de Manuel García Caparrós, el mártir del 4D

Es muy difícil representar este momento por el peso histórico que conlleva y por la falta de información total de lo que realmente pasó. Por ello, lo vamos a llevar a cabo desde lo colectivo y esa reflexión que tuvieron los dos millones menos uno al llegar a casa y darse cuenta que podrían haber sido ellos.

Coreografía: se crea una ola expansiva de caos donde los intérpretes empiezan a correr hacia la localización de los disturbios.

Los intérpretxs colocan al público pegado a los extremos y creando un pasillo ancho los llevan de un lado a otro.

Suena «Sangre, sangre», bulerías de Juan Pena, un bucle de 3 minutos de los 12 primeros segundos.

Propuesta de coreografía para un suceso histórico

Queremos representar con todo el elenco la sombra de Caparrós:

TODOS SIGUEN A CAPARRÓS EN UNA FILA QUE ÉL LIDERA Y LOS DEMÁS VAN DETRÁS

CAPARRÓS

CAPARRÓS SALE DE LA FILA Y AVANZA HASTA LA MITAD DONDE CRUZA LOS BRAZOS Y TODOS LE SIGUEN.

CAPARRÓS

POLICÍA

EL POLICÍA VA GIRANDO ALREDEDOR DE LA FILA Y TODOS GIRAN SIGUIÉNDOLE SOBRE SÍ MISMOS

NOS COLOCAMOS EN "V" EN DIRECCIÓN AL POLICÍA QUE SE QUEDA EN LA PARTE MÁS ABIERTA DEL ESPACIO

CAPARRÓS

POLICÍA

EL POLICÍA AVANZA UN PASO...

...Y LEVANTA LA BARBILLA

CAPARRÓS LE LEVANTA LA BARBILLA

EL GESTO DE CAPARRÓS SE TRANSMITE COMO UNA ONDA, EN ESTELA, CON UN MOVIMIENTO EXPRESIVO DE ALANTE HACIA ATRÁS

EL POLICÍA LE MUESTRA LA PISTOLA "INVISIBLE" GUARDADA EN LA CHAQUETA

CAPARRÓS LE PIDE CALMA CON LAS MANOS Y BAJANDO LA CABEZA. EL GESTO SE VUELVE A TRANSMITIR Y LA ONDA ES CADA VEZ MÁS EXPRESIVA

8.   *La escena del estado de sitio que vivió la ciudad.*

En ese momento, suena «El ravero», de El niño de Elche + Los Voluble

Los intérpretes empiezan a mezclar movimientos de bailes raveros con movimientos que evocan una batalla campal.

Acciones:

* Correr de un lado a otro sin saber a dónde ir, desesperados, con miedo y a máxima velocidad.
* Correr juntos hacia una misma dirección, como escapando de las pelotas de gas.
* Correr hacia ese sitio a tirar piedras, romper escaparates, cóctel molotov...
* Todo esto de manera mímica, es muy importante que el público vea el objeto desde la mímica.

Van desapareciendo los intérpretes poco a poco, representando los cuatro días de revueltas y estado de sitio.

9. La escena de cuarenta años después seguimos comiendo pipas en el parque

Todos se han dirigido a la última localización, una especie de parque o algún sitio donde se puedan sentar, como una plaza. Podría ser incluso la localización del principio. Los intérpretes van saliendo de los disturbios y sentándose. El último intérprete que quede bailando se lleva al público a la zona del parque.

Todos sentados comen pipas en silencio mirando al frente. El ruido de las pipas también evoca a la leña de la mesa camilla, a la máquina de escribir.

El 4 de diciembre de 2017, algunos artículos han salido en los periódicos locales. En las noticias nacionales, nada; no es noticia que hace cuarenta años los andaluces salieron a las calles. Cuarenta años de mi primer gran reportaje. Había tanta miseria y tanto analfabetismo... pero nos sobraba conciencia política. Hoy somos más hijos de Amazon que de otra cosa, vivimos globalizados y el diseñito de la verde blanca y verde lo metemos una vez por semana a la lavadora, en nuestros balcones ondean otras banderas reliadas con las nuestras, no se nos caen los anillos. Eso sí, seguimos ceceando, seseando y palmeando como nadie y nos gusta má una onomatopeya que las palabras. Por eso las desgranamos hasta el fonema, pelamos las palabras como cáscara de pipa que arrojamos en el suelo de la plaza después de habernos quedao con lo de dentro y haberle chupao la sal, y así hablamos en Andalucía, con la lengua irritá. ¡OÚ!

Y todos se miran a los ojos y se dicen OÚ, OÚ, OÚ, OÚ y hacen como una rumba con OÚ, OÚ... y se van por rumba de manera orgánica con la alegría atribuida, otorgada, empeñada y heredada que tiene este pueblo, OÚ...

El público aplaude

FIN

Epílogo

Manué, si aquella bala hubiera dao donde tenía que dá, al cielo, a una ventana, a un muro o al pie del que la disparó. Así, de soslayo, sin que le hiciera ná. Ná más que por el susto de que se quedara tranquilito. Si esa bala hubiera dao al cielo, tú tendrías hoy sesenta y cinco años, cuatro meses y nueves días. A mí me da que te hubieran conseguío los papeles de comisiones obreras para hacerte fijo en las Cervezas Victoria. Te pienso con una niña y un niño. Una hubiera sacado la cara de tu hermana Loli con su pelo y sus ojos; el otro, la anchura de tu padre, pequeñito pero con mucho porte. Manué, seguro que te quedaría una buena paga de las cervezas con tantos años cotizaos y con tu cuerpo fuerte. Ningún gimnasio, pero mucho barril al hombro. Te reirías tú del crossfit.

Manué, te imagino con buen pelo para tu edad. Yendo al bar de tus hermanas cada dos por tres. Seguro que el mejor grifo de cerveza de toda la calle lo hubieras puesto tú. Tendrías Facebook, y allí pondrías frases de estas de azucarillo, con un mensaje potente de por lo menos 40 me gustas de tus colegas del barrio donde te criaste, que sientes tu barrio más que en el que vives ahora.

Manué, me cruzaría contigo por Málaga seguro; andando por el paseo marítimo, hoy, me cruzaría contigo. Yo iría a ensayar para mi nueva obra que se hace en el mar, tú irías camino al merendero porque tu niña ha quedado contigo y con tu muhé pá decirte algo.

Ella descansa los miércoles porque también trabaja en la hostelería. Ha montado su bar de campero en Churriana y le va de maravilla. De tener cuatro personas en plantilla, vamos.

Totá, Manué, que tu niña hoy en el merendero, cuando tú le digas al camarero *cuatro conchas finas*, ella va a decir *no, papá, yo no quiero*, y tú la vas a mirar con cara de no creértelo. No conoces a nadie que le guste más una concha fina que a ella (con dos años ya se las comía). Vas a decirle al camarero *déjalas, tú ponlas, pon dos espetos, ensalada de pimiento y ahora te decimos má cosa.*

Tu Lola te va a mirar y te va a coger esa mano áspera, gorda, velluda y bonita que tienes, y te va a decir con su gracia naturá.

—Papá, lâ embarazadah no podemos comer marisco.

Y tú la vas a mirar con un nudo en la garganta y ¡un calor en el pecho! Lágrimas como compuertas de embalses van a salir de tu cara. Tu Lola lleva seis años queriendo ser madre y no puede. Ella sola, luchando. Un dinero que lleva gastao.

Vas a mirar a tu muhé llorando de alegría y entendiendo que ella seguro que lo sabía. Están tol día piando la madre y la hija.

Ay, Manué, la bala mierda y má mierda la mano que la disparó.

Manué, se me antoja que hoy, 17 de abril de 2024, tu niña Lola en la Misericordia te haría vivir uno de los días más bonitos de tu vida. Te comerías la concha fina con lo ojoh cerrao y como que se pararía el tiempo, llevándote a aquel día que te dio tu madre una zambullá y os dio un ataque de risa porque te salieron dos velas de mocos como dos cirios en la playa de San Andrés, cuando esperabas a tu padre de venir de faenar. Conectarías con esa misma alegría. Tú, mu chiquito y ella, mu guapa.

En el camino de vuelta, en el grupo familiar de Whatsapp con tus hermanas, pondrías:

—Buenas noches, este que está aquí va a ser abuelo.

Y tus hermanas pondrían stickers de ositos saltando, cervezas brindando, mandarían audios con la tele de fondo, la Paqui pondría tu foto con tu niña de bebé en brazos, que la tiene en un marco de su salón. La Puri lloraría de alegría en un audio y te diría que vas a echar una jubilación mu buena, así, con sorna y amor.

Manué, *Andalucía entera pá ti.*

Agradecimientos

Mis bendiciones están repartidas así:

El dispositivo escénico documental no se podría haber escrito sin antes haber jugado y sudado con Marta, Angy, Manu, Kike, Jesús Andrés, Francesco, Sonia, Jose, Lucía, Jesús, Carolina, Beto, Anabel, María, Johanna, Noelia, Laura, Jesús, María, Raquel, Ana Mari, Celia, Pepe, Álvaro, Gabi, Cris, Ainhoa, María Jesús, Lola, Miguel y Rosa; gracias a mis alumnxs de UMAescena por dar la voz a los vítores y el palmeo.

Bendiciones a la Universidad de Málaga, al Vicerrectorado de Cultura por sus lugares de creación y al CTI por su archivo histórico, que conforma un álbum soñado.

Mucho amor y corazones con los dedos para Kike por sus ilustraciones: parte del dispositivo es tuyo. A los Tiquismiquis, por resolver momentos de carcasa en el camino a la portada final. A Membri, por sus corta y pega de sonido.

Corazón de dos manos que explota sin parar a Violeta Niebla por su confianza, profesionalidad y acompañamiento en los movimientos de palabras para que tengan un acabado finísimo. Sin ti, yo no escribo, Mor.

A Disbauxa le mando agradecimientos y bendiciones a puñao: Marta, Manu y Jara. Ese primer acercamiento en el bar con la propuesta, la talega y la agenda sin fechas; ya se intuía el poderío de amor que profesáis. Es muy valioso esto que hacéis de dar lugar a las lenguas de nuestro territorio, vuestro brilli-brilli mueve montañas.

A Juan Manuel Trinidad Berlanga por escalar la justicia.

A Manuel José García Caparrós por tu juventud entregada a una lucha de todas.

A Blas Infante, emperrao en colocarnos donde nos merecíamos hasta el final. Dicen que aquel 10 de agosto en el kilómetro 4 de la carretera Carmona-Sevilla gritó VIVA ANDALUCÍA LIBRE y tó se apagó.

Las letras se bailan y se beben. Las letras se ríen y se lloran. Las letras se perrean hasta el suelo y se elevan hasta el cielo. Las letras se disfrutan y se discuten con amor. Las letras se dicen todas las que quieras y las que no, las aspiras. Las letras son de maricas y de bolleras, de guapas y de feas y de tu género y del mío. Las letras son y no son. Las letras se performan, se habitan, se gozan y, a veces, se escriben. Las letras las lees o te las comes (o te las f*llas). Las letras brillan y dan sombra. Las letras somos todas.